ŒUVRE DE PROPAGANDE NATIONALE

QUE VA-T-IL ARRIVER ?

OU

LA CATASTROPHE ET LE TRIOMPHE

PAR

BRISEFER DE BARBAZAN

Prix: 60 centimes.

2e ÉDITION

PARIS

ŒUVRE
DE PROPAGANDE NATIONALE
173, RUE DE VAUGIRARD.

G. TÉQUI LIBRAIRE-ÉDITEUR
83, RUE DE RENNE

1883

QUE VA-T-IL ARRIVER ?

OU

LA CATASTROPHE ET LE TRIOMPHE

ŒUVRE DE PROPAGANDE NATIONALE
173, rue Vaugirard, Paris.

L'œuvre a édité trois brochures : 1° *Le Frère Philippe ou les Frères des Écoles chrétiennes pendant la guerre,* il y a là de magnifiques traits de patriotisme chrétien qu'il est utile de propager à cette heure surtout où la France a tout oublié. Prix : 0 fr. 15 et 0 fr. 25, franco. 2° *Que va-t-il arriver? ou La catastrophe et le triomphe.* Cette brochure répond aux préoccupations actuelles Prix: 0 fr. 60, franco. 3° *Le colonel de Bec-de-lievre;* c'est la biographie du premier colonel des zouaves Pontificaux. Prix: 0 fr. 20 et 0 fr. 30, franco.

BELLE PRIME A NOS LECTEURS.

Dans le but de répandre les bonnes lectures à la fois morales, instructives et intéressantes, l'*Office de la Presse catholique* offre à tous nos lecteurs un abonnement d'un an, aux *Soirées du Village et du Château,* grand journal de 12 pages, souvent illustré, qui paraît deux fois par mois, moyennant le prix exceptionnellement réduit de 3 francs pour la France et 4 francs pour l'étranger (pour la premiere année).

Sommaire du dernier numéro paru :

NOS PRIMES.— CAUSERIE. —LES TRAVAUX DE LA SAISON. — VOYAGES : *La jeune sibérienne.* — LA PRODUCTION DES VINS EN 1881-1882. — LA RÉCOLTE DES CIDRES. — LA RÉCOLTE DE 1882. — HYGIENE DES SUJETS PRÉDISPOSÉS A LA PHTHISIE.—COMMENT FAUT-IL RESPIRER. — LA CORNEILLE ET LE BOUVREUIL —CHOSES ET AUTRES. — *Une chemise par an.* — *La maladie des écrevisses.* — *Falsification du poivre.* —*Le laboratoire municipal.* — RECETTES : *Guerison infaillible des cors.* — LES BONS DE POSTE. — CADEAUX ARTISTIQUES. — EPHÉMÉRIDES DE L'ANNÉE 1882. — ANNONCES.

Adresser les demandes à M. Chatron, directeur, rue Bonaparte, 59, Paris.

OEUVRE DE PROPAGANDE NATIONALE

QUE VA-T-IL ARRIVER?

OU

LA CATASTROPHE ET LE TRIOMPHE

PAR

BRISEFER DE BARBAZAN

Prix : 60 centimes.

2me ÉDITION

PARIS

ŒUVRE
DE PROPAGANDE NATIONALE. | G. TÉQUI, LIBRAIRE-ÉDITEUR.
173, RUE DE VAUGIRARD. | 85, RUE DE RENNES.

1883

QUE VA-T-IL ARRIVER?

I.

Dieu est le souverain maître des évenements.

Il les dirige a son gré et fait servir a ses desseins la haine des revolutionnaires.

Il récompense ou châtie les peuples selon leurs mérites ou leurs fautes.

Quand sa justice doit frapper, il n'oublie pas qu'il est pere avant d'être juge et sa miséricorde se manifeste.

Par des signes ou des phénomenes, par des apparitions, par des révelations il avertit ses enfants coupables des malheurs qui vont s'appesantir sur eux s'ils ne se convertissent pas.

C'est le témoignage de tous les siecles.

Machiavel le constate dans son discours sur Tite-Live « Nous ne saurions, dit-il, donner la raison pourquoi, mais c'est un fait prouvé par l'histoire ancienne et moderne que, chaque fois qu'il est arrivé un grand malheur soit a une ville, soit a une personne, il a été annoncé par un voyant ou par des miracles, des signes, des révélations. Quoi qu'il en soit, c'est un fait et un fait certain qu'après chacune de ces prédictions, il est arrivé des choses extraordinaires. »

H.

Notre-Seigneur aime la France parce qu'elle est généreuse.

Il l'aime à cause de ses missionnaires qui vont dans le monde entier répandre, au péril de leur vie, la bonne doctrine.

Il l'aime a cause de ses admirables Filles de Saint Vincent-de-Paul qui font partout aimer le Christ.

Il l'aime a cause de ses saintes âmes qui expient les crimes et l'indifférence de la société par la prière et la mortification.

Il l'aime a cause de ses nombreux martyrs et de ses zouaves heroiques qui ont versé leur sang pour son auguste Vicaire abandonné de tous les gouvernements.

Et qui sait si ce sacrifice fait par quelques centaines de Français n'a pas pesé d'un grand poids dans la balance en faveur de leur Patrie?

Qui sait si nous ne devons pas à Castelfidardo et à Mentana d'être encore une nation?

Malgré nos fautes, nous sommes la Fille aînée de l'Eglise.

Jusqu'à present Dieu nous a conservé ce titre que nous ne méritons plus.

Il voudrait encore que les *Gesta Dei* s'accomplissent *Per Francos*.

Pour nous amener au repentir età la vérité religieuse et politique, Notre-Seigneur n'a cesse de multiplier les avertissements.

Il est intervenu lui-même à diverses reprises et au milieu de nous il a envoyé sa sainte Mere pour nous inviter à la priere et a la pénitence

Et en outre, il s'est servi pour nous réveler les dangers qui nous menaçaient si nous ne devenions pas dignes de son amour et de sa sollicitude paternelle, de personnes d'une vie irréprochable dont plusieurs ont été honorees par l'Eglise pour le dégré d'héroïsme de leur sainteté.

Tout certes est loin d'être exact dans leurs prophéties pour divers motifs.

Mais il ne s'ensuit pas que l'on doive les dédaigner.

« Ne méprisez pas les prophéties, dit saint Paul dans la premiere épitre aux Thessaloniciens ; éprouvez tout ; retenez ce qui est bon. »

Il faut uniquement en telle matière se laisser guider par l'expérience et la raison.

En général, il y a dans les prophéties un fonds

de vérite, mais il n'en est pas de même pour les details et le temps.

Au moment où Notre-Seigneur allait monter au Ciel, il dit aux Apôtres qui l'interrogeaient sur la date de la restauration d'Israel : « Il ne vous appartient pas de connaitre les temps et les instants qui dépendent uniquement de la volonté de mon Père. » (*Act. Ap. Ch. I.*)

De plus, les événements annoncés comme châtiments peuvent ne pas se réaliser ou ne se réaliser qu'en partie, si les peuples ont fait amende honorable à Notre-Seigneur.

III.

Dieu s'est chargé lui-même d'avertir la France du sort qu'il réservait a l'Empire.

C'était au moment ou se préparait la guerre contre les Autrichiens, guerre dont les conséquences devaient être si funestes pour le Saint-Siege et la société.

La fameuse brochure *Napoleon III et l'Italie* qui faisait pressentir les projets révolutionnaires de l'empereur des Français futpubliée le 4 février 1859.

Trois jours apres, c'est a dire le 7, l'hostie consacrée que tenait M. l'abbé Titeux dans son église de Vrignes-aux-Bois parut a ses yeux surpris d'un éclat merveilleux et se couvrit ensuite de taches de sang ; son servant et d'autres personnes en furent aussi les temoins.

Ce prodige se renouvela le vendredi de l'octave de Pâques, 29 avril, et ce jour-la la guerre était declaree et les troupes autrichiennes franchissaient le Tessin.

Le 8 mai, nouvelle apparition et passage des Alpes par l'armee française

Le 14 mai, nos troupes etablissaient leur quartier-general a Alexandrie ; le 15, la Sainte-

Hostie était de nouveau ensanglantée après la consecration.

Plus de six cents personnes purent la vénérer pendant plus de vingt minutes.

Castelfidardo et les evenements qui se succéderent, devaient être les consequences de cette expédition de 1859

La Révolution avait concentré ses efforts en Italie pour avoir raison du Saint-Siege.

Il ne lui suffisait pas d'avoir enlevé à ses Etats en 1860 plusieurs provinces · Elle voulait Rome pour capitale.

Et le gouvernement Français faisait ce qu'il pouvait pour ne pas contrarier ses desseins.

Un prodige devait appeler l'attention sur les evènements qui se préparaient contre le Pape.

Un *San-Bambino* en cire blanche couché dans sa creche, depuis longtemps conservé par la famille Parlovecchia a Bari, se couvrit de sueurs le 19 mars 1866 au moment où l'archevéque était exilé par les Piémontais ; elles se renouvelerent un grand nombre de fois avec une abondance telle que plusieurs vases purent en être remplis.

Plus tard cette statuette de l'Enfant Jésus répandit du sang frais et vermeil.

Pendant le mois de novembre un parfum de roses s'est exhalé de la creche.

Le 25 juillet de cette année 1866 on vit le San Bambino se dresser debout au fond de la creche ; le 27 du même mois il tenait une oriflamme dans sa main droite ; le 6 novembre il quitta le fond de la creche pour se placer au-devant, et dans la soirée il avait une croix à la main gauche ; il resta ainsi debout, sans appui jusqu'a la nuit du 6 décembre, jour où le Saint-Père devait faire ses adieux aux officiers de l'armée française qui se retirait pour obéir aux ordres des sociétés secrètes.

Dieu, par ce prodige, n'indiquait-il pas aux chrétiens ce qu'ils avaient à faire pour la défense du chef de son Eglise laissé par Napoléon III à la merci de ses ennemis.

Quelques-uns l'ont compris, ils sont venus grossir les rangs de sa petite mais vaillante armée, ont combattu a Mentana et contribué a la victoire qui devait permettre à Pie IX de réunir le concile du Vatican.

Et les troupes françaises sont providentiellement arrivées a temps pour assurer ce résultat.

Les Piémontais n'avaient pu faire vite comme on le leur avait demandé ; l'Empire redoutant les protestations de la France chrétienne, avait reuni une flotte et une division militaire a Toulon ; ordres et contres-ordres étaient à chaque instant donnés au chef d'escadre pour gagner du temps et

permettre aux Italianissimes de faire leur coup ,
mais l'amiral de Fleuriot de Langle impatienté,
partit a toute vapeur dès la réception d'un ordre,
pour Civita-Vecchia · de là l'heureuse intervention
de nos troupes.

On avait eté sans doute fort étonné du prodige
des Hosties sanglantes, mais l'on ne s'était pas
douté que Dieu avait alors prononcé le *Mane,
Thecel Phares* de la dynastie impériale.

Ce fut compris lors de la bataille de Sedan qui
fut livrée le 4 septembre sur une partie de terri-
toire de Vrignes-aux-Bois.

Napoléon III, escorté des hussards de la mort
dut, pour aller en captivité, passer devant cette
église ou Dieu avait prononcé son arrêt.

C'était le convoi de l'Empire.

Après les désastres de la guerre et les horreurs
de la Commune, quelques catholiques seuls, instruits
par les épreuves, devenaient plus ardents dans leur
foi, mais la France s'obstinait dans l'impénitence
et les députés, au lieu de proclamer le Fils aîné de
l'église, donnaient leur confiance à M. Thiers.

De nouveaux châtiments, plus terribles peut-
être que les premiers étaient donc inévitables et le
prodige des Saintes Hosties se renouvela du mois
d'août 1871 au mois d'avril 1872 à Larche.

L'hostie ressemblait à de la chair vivante, elle

portait l'empreinte du crucifix et de la Sainte-Vierge, appuyée sur ses genoux, des milliers de personnes venues de tout côtés l'ont vue et l'on peut en croire le venérable curé de Larche, M. l'abbé Loubignac dont la prudence était excessive.

N'est-ce pas le présage de nouveaux malheurs et ce saint prêtre n'avait-il pas raison de s'ecrier : « Mon Dieu ! mon Dieu ? ayez pitié de nous ! »

Nous devons faire remarquer qu'en 1872 les apparitions, les revelations et les phénomenes ont été plus nombreux que jamais.

N'était-ce pas pour avertir la France qu'un grand crime allait etre commis en 1873 par ses representants en refusant de reconnaître le fils aine de l'Église qui aurait mis fin aux outrages dont Dieu était chaque jour abreuvé dans notre Patrie ?

N'etait-ce pas pour nous faire comprendre que des catastrophes seraient la consequence de cette criminelle ineptie ?

On voit que la fin de l'Empire est arrivée onze ans apres le prodige de Vrigne-aux-Bois, celui de Larche a eu lieu depuis onze ans ; le printemps serait-il l'epoque fixee par Dieu au jour de sa justice ?

L'etude de la situation nous porte a le croire.

IV.

La sainte Vierge a été proclamée Reine de France par un de nos rois.

Elle a accepté ce titre et nous a pris sous sa protection.

Plusieurs fois, elle est apparue pour prévenir la juste colère divine et nous donner les moyens de l'apaiser.

Au mois de septembre 1830, elle demanda à une jeune sœur du noviciat des Filles de Saint-Vincent de Paul, dans leur chapelle de la rue du Bac, de faire frapper une médaille en l'honneur de son Immaculée Conception avec cette invocation : « O Marie ! conçue sans péché priez pour nous qui avons recours à vous », promettant ses faveurs aux personnes qui la porteraient.

Nouvelle apparition le 19 septembre 1846 à l'heure des premières vêpres de Notre-Dame-des-Sept-douleurs : c'était à la Salette.

La Sainte Vierge avait choisi pour ses messagers deux petits bergers, Maximin et Mélanie.

« Si mon peuple ne veut pas se soumettre, leur dit-elle, je suis forcée de laisser aller le bras de mon Fils , il est si lourd et si pesant que je ne puis plus le retenir ».

Elle annonça des calamités qui se sont accomplies et de grands malheurs comme conséquence du blasphème, de la violation du dimanche et de la corruption.

A chacun des deux enfants elle confia un secret concernant l'avenir.

« Pendant tout le temps que la Belle Dame nous a parlé, a dit Mélanie, elle n'a cessé de pleurer. »

Mélanie et Maximin refusèrent pendant long-temps de faire connaître leur secret au Saint-Pere.

On put néanmoins les amener a l'ecrire et deux envoyés de Msᵉ l'Evêque de Grenoble remirent leurs deux lettres au Saint-Pere le 18 juillet 1851.

Dix-neuf ans après, jour pour jour, la guerre était déclarée avec la Prusse.

Sa saintete prit connaissance de la lettre du berger et s'écria : « Voilá bien toute la sincerité et la candeur de l'enfant. ! »

Ce secret était-il relatif au triomphe ou concernait-il Pie IX que Marie aimait tant ? Nous n'en savons rien et on ne le saura jamais à moins que le Saint-Siège ne le revèle plus tard, car Maximin l'a emporté dans la tombe.

La lettre de Mélanie frappa Pie IX. « Ce sont, dit-il, les fléaux dont la France est menacée ; elle n'est pas seule coupable : l'Allemagne, l'Italie, l'Europe entière sont coupables et méritent des châtiments. Ce n'est pas sans raison que l'Église est appelée militante, et vous en voyez ici le capitaine. J'ai moins à craindre de Proudhon que de l'indifférence ou du respect humain. Vos soldats se mettent à genoux quand ils me voient, mais c'est après avoir regardé auparavant de droite et de gauche s'ils ne sont pas vus... »

Plus tard, le 30 janvier 1870, Mélanie à qui le secret n'avait été imposé que jusqu'en 1858, en révéla une partie ; voici ce que lui avait dit la sainte Vierge :

« Il n'y a plus d'âmes généreuses. Dieu va frapper d'une manière sans exemple. Malheur aux habitants de la terre ! Dieu va épuiser sa colère et personne ne pourra se soustraire à tant de maux réunis... La société est à la veille des fléaux les plus terribles et des plus grands événements ; on doit s'attendre à être gouvernés par une verge de fer et à boire le calice de la colère de Dieu....

« Que le Vicaire de mon Fils, le Souverain Pontife Pie IX ne sorte plus de Rome après l'année 1859, mais qu'il soit ferme et généreux ; qu'il combatte avec les âmes de la foi et de l'amour, je serai avec lui. Qu'il se méfie de Napoléon, son cœur est double et quand il voudra être à la fois pape et empereur, bientôt Dieu se retirera de lui. Il est tel aigle qui voulant toujours s'élever, tombera sur l'épée dont il voulait se servir pour obliger les peuples à le faire élever. L'Italie sera punie de son ambition en voulant secouer le joug du Seigneur : le sang coulera de tous côtés ; les églises seront fermées ou profanées ; les prêtres, les religieux seront chassés.... »

De 1859 jusqu'a 1871 tout cela s'est accompli et la France ne s'est pas repentie pas plus que l'Italie Ces deux nations ne pourront donc eviter les nouveaux châtiments que la Sainte Vierge a prédits à La Salette ·

« Le vicaire de mon Fils aura beaucoup à souffrir, a-t-elle dit encore, parce que pour un temps l'Eglise sera livrée à de grandes persécutions , ce sera le temps des ténebres. L'Église aura une crise affreuse. »

Ne s'agit-il pas de l'époque actuelle ?

Mais voici pour l'avenir.

« La France, l'Italie, l'Espagne et l'Angleterre seront en guerre ; le sang coulera dans les rues, le Français se battra avec le Français, l'Italien avec l'Italien ; puis il y aura une guerre générale qui sera épouvantable. Pour un temps, Dieu ne se souviendra plus de la France, ni de l'Italie parce que Jésus-Christ n'est plus connu. Le Saint-Pere souffrira beaucoup ; je serai avec lui jusqu'a la fin pour recevoir son sacrifice. Les méchants attenteront plusieurs fois a sa vie. »

Dans une lettre du 23 juin 1871, Mélanie ecrivit à une religieuse de ses amies : « Notre pauvre France est bien humiliée, dites-vous. Ah ! ma chere sœur, elle aurait bien mieux fait de s'humilier sans attendre les coups de la juste colere du Tres-Haut ; et elle ferait bien maintenant de se frapper la poitrine et de réveiller sa foi *si elle ne veut pas être entierement aneantie...* Si l'on ne se dépéche pas de revenir à Dieu, ce qui est arrivé n'est encore rien, rien, rien ».

Dans ses apparitions à Bernadette Soubirous aux roches Massabielle du 11 février au 16 juillet 1858, la sainte Vierge lui demandait de prier pour les pécheurs.

Le 24 fevrier, elle insista particulièrement à ce sujet et lui recommanda de monter a genoux jusqu'au fond de la grotte en criant trois fois avec elle : *Penitence !*

Ces miséricordieux avertissements ont-ils été entendus ?

Sans doute, de magnifiques sanctuaires ont été élevés en l'honneur de Marie à la Salette et à Lourdes, et de toutes parts les populations y sont accourues.

Mais ce mouvement religieux auquel nous avons assisté depuis nos derniers malheurs ne s'est-il pas ralenti, et la France est-elle devenue meilleure?

Néanmoins, la sainte Vierge ne s'est pas découragée : signalons ses apparitions a Neubois en Alsace en juillet 1872 a quatre petites filles, à Pouillé pres Ancenis les 14, 15 et 16 février où elle demandait des prieres pour qu'on se convertisse et annonçait la guerre des Rouges , a Nancy dans la chapelle de N.-D. de Bon-Secours, on vi le 8 septembre 1872 sa statue s'animer, ouvrir les yeux, sourire d'abord, puis verser des larmes .

Helas ! cette affliction de notre mère n'indiquait-elle pas que de terribles châtiments étaient a redouter pour nous, impenitents ?

V.

Jamais, sauf le peuple d'Israël, aucune nation n'a été, autant que la nôtre, l'objet de la miséricorde divine.

Les apparitions, les révelations, les prédictions ont eté multipliées pour nous ouvrir les yeux.

De saintes âmes ont été choisies par Dieu comme intermediaires.

Mais l'avenir ne leur a ete révélé qu'en partie et souvent ne l'ont-elles entrevu que bien confusément, mais assez pour remplir leur mission ; en outre, comme nous l'avons dejà dit, la penitence a quelquefois arrêté le cour de la justice divine.

Nous éprouverions donc souvent des deceptions si nous mettions, plus qu'il ne convient, notre confiance dans la plupart des prophéties.

Nous donnons les plus celebres ; c'est à la lumiere des evenements qu'on jugera de leur importance.

Au mois de mai 1871, Victoire Romanini religieuse des *Pieuses Maîtresses* de Viterbe, atteinte d'une maladie mortelle invoqua la fondatrice de cet ordre, la vénérable Rose Venerinii qui lui apparut plusieurs fois et lui obtint de recouvrer la santé.

Heureuse d'être guérie, elle s'écria « Sainte mere, vous pensez a moi, et pour le Saint-Pere que faites-vous ? »

Et elle lui demanda le triomphe immédiat du souverain Pontife

La venerable Rose repondit · « Un peu plus de temps et le triomphe viendra ; mais il y aura un epouvantable châtiment. Priez, priez, priez, car la prière peut diminuer la punition »

Marguerite Bays, la stigmatisee de la Pierre en Suisse, retenue chez elle par ses souffrances, vit tout a coup le 25 mars 1872 apparaître sous ses yeux l'inscription suivante tracée sur deux bandes · *Priere, Penitence.*

Voici les prédictions que l'on s'accorde a prêter à Palma, la stigmatisee d'Oria près Brindes en Italie 1º La Republique sera proclamée en France, en Espagne et en Italie et y sera suivie de la guerre civile ; 2º une mort violente menace Louis-Napoléon loin des Tuileries (1) ; 3º aux troubles de la Révolution se joindront d'autres châtiments comme la peste et la famine, 4º des signes extraordinaires paraîtront dans le ciel, 5º Rome sera particulierement éprouvée et quelques Dignitaires de

______

(1) La franc-maçonnerie apres avoir fait exploiter les sentiments belliqueux du prince et l'avoir amene en Zoulouland, l'y a fait assassiner

l'Église y seront immolés par les méchants, etc.

Louise Lateau, la stigmatisee du Bois d'Haine n'a jamais prophétisé.

Au mois de septembre 1871, tandis qu'elle était en extase, un ecclésiastique fit a haute voix cette priere : « Mon Jesus ! ... miséricorde ... pour la France !.......

Aux deux premiers mots Louise sourit mais quand elle entendit *Pour la France,* sa figure s'assombrit et ses levres s'agiterent convulsivement.

Cet ecclesiastique donna aussitôt connaissance de ce fait au directeur de Palma et le 9 octobre 1871 en reçut cette communication ecrite pour lui par la stigmatisee d'Oria « Dans ce qui est de Louise, c'est a bon droit qu'elle a frémi d'indignation aux mots « misericorde pour la France », car Dieu lui-même est indigne contre la France et la justice divine ne s est pas encore pleinement déchargee sur elle. La statue de Voltaire est encore debout, le gouvernement n'agit pas en catholique, et une colonne d'impies, de scélérats et d'incorrigibles inondent encore ce royaume. Un second coup de la justice divine va être frappé, il ne tardera pas. Alors, seulement la justice divine sera apaisée et la conversion sera génerale ».

VI.

Une religieuse trappistine, de Notre-Dame des-Gardes en Anjou, morte en odeur de sainteté (1828) a été favorisée de visions prophétiques.

En faisant son oraison, elle fut tout-à-coup entouree d'objets horribles, elle vit des personnes de toutes les conditions qui se livraient a des desordres affreux et elle entendit ces paroles : « Tu vois les crimes que l'on commet; et qui retient mon bras vengeur ? Je vais donc encore frapper la France pour le bonheur des uns et le malheur des autres ».

Elle aperçut un gros nuage couvrant toute la France, si noir qu'elle en fut epouvantée; en même temps, il se donna un grand combat; on n'en avait jamais vu d'une telle violence; le sang coulait par torrents surtout depuis le midi jusqu'au nord, car l'ouest lui parut tranquille; elle entendit nommer comme date de ces évenements les mois de mai, juin, juillet.

« Les méchants, dit-elle, voulaient exterminer tous les ministres de la religion de Jésus-Christ et tous les amis de la legitimité. Ils en avaient fait périr un grand nombre et criaient déjà victoire lorsque tout-a-coup ils furent ranimés par un secours d'En-Haut et les méchants furent defaits et confondus. »

Cette sainte religieuse nous raconte ainsi une autre vision·

« J'entendis des voix nombreuses qui criaient d'un ton horrible, et dans ce moment je me **crus** demi-morte, mais j'eus encore plus grand'peur quand j'entendis bien distinctement par trois fois les mêmes voix qui disaient *Nous sommes vainqueurs, nous avons la victoire!* Au moment ou les voix prononçaient ces paroles, tout d'un coup, je vis que le ciel devint une profonde nuit; je n'avais jamais rien vu de si obscur. Cette obscurité fut accompagnée d'un tonnerre, ou plutôt il me semblait que le tonnerre venait a la fois des quatre parties de la terre. Il m'est impossible de vous peindre quelle fut ma frayeur : le ciel devint tout en feu, il lançait de toutes parts des fleches enflammees ; il se faisait un bruit si terrible qu'il paraissait annoncer la ruine entiere du monde. J'aperçus alors un gros nuage rouge couleur sang de bœuf; ce nuage roulait de tous côtés et me donnait bien de l'inquietude, ne sachant ce qu'il signifiait.

... « Le tonnerre grondait toujours dans les

airs d'une manière effrayante lorsque j'entendis une voix qui me dit . « Ne crains point · mon courroux tombera sur ceux qui ont allumé ma colere ; ils disparaîtront dans un moment. Tout l'univers sera etonné d'apprendre la destruction de la plus belle, de la plus superbe ville ! Je dis superbe par ses crimes. Je l'ai en abomination !

« Je n'entendis plus la voix, mais un bruit effroyable : Le gros nuage se divisa en quatre parties qui tomberent à la fois sur la grande ville et dans un instant elle fut tout en feu. Les flammes qui la dévoraient, s'élevèrent dans les airs et de suite je ne vis plus rien qu'une vaste terre noire comme du charbon Après tout cela, le ciel s'éclaircit, et d'une nuit affreuse, je vis le plus beau jour que j'eusse jamais vu »

VII.

Voici le texte de la célebre prophétie d'Orval sur les evenements devant s'accomplir à partir de 1870 (1)

« Hurlez, fils de Brutus, appelez sur vous les bêtes qui vont vous dévorer. Grand Dieu ! Quel bruit d'armes ! Il n'y a pas encore un nombre plein de lunes et voici venir maints guerriers.

« C'est fait, la montagne de Dieu a crié vers lui dans la desolation, les fils de Juda ont crié vers Dieu, de la terre étrangere et voila que Dieu n'est plus sourd.

« Quel feu avec ses fleches ! Dix fois six lunes et pas encore dix fois six lunes ont nourri sa colère.

« Malheur à toi, grande ville ! Voici les rois armés par le Seigneur, mais deja le feu t'a égalée a la terre.

« Et pourtant tes justes ne périront pas : Dieu les a écoutés.

« La place du crime est purgée par le feu ; le grand ruisseau a éconduit toutes rouges de sang ses eaux à la mer.

(1) Ce texte a été communiqué à l'auteur du *Nouveau Recueil de predictions.*

« Et la Gaule vue comme délabrée va se rejoindre.

«Dieu aime la paix ! Venez, jeune prince, quittez l'île de la captivité ; joignez le lion à la fleur blanche, venez.

« Ce qui est prévu, Dieu le veut.

« Le vieux sang des siecles terminera encore de longues divisions.

« Alors un seul pasteur des peuples sera vu dans la Celte-Gaule.

« L'homme puissant par Dieu s'assiéra bien ; beaucoup de sages reglements appelleront la paix. Dieu sera cru guerroyer avec lui, tant prudent et sage sera le rejeton de la Cape...»

Marie des Brotteaux est morte a Lyon en 1843 à l'âge de 70 ans apres une vie de pénitence.

D'après ses predictions, (1) la Revolution finira comme elle a commencé, mais tout s'accomplira plus rapidement.

« Dans les années qui précederont le grand évevement, dit-elle, il y aura une grande mortalité et une grande misere . Les mechants echoueront nombre de fois dans leurs projets sanguinaires à cause des prières des bonnes âmes. Ils n'en poursuivront pas moins leur détermination de faire

____

(1) Rapportees par les Voies Prophetiques de M l'abbé Curicques, en vente chez Palme editeur.

périr tous les bons dont ils dresseront des listes
d'avance et marqueront les maisons et les portes
pour qu'il n en échappe aucun. Mais quand ils seront sur le point d'exécuter cette nouvelle justice,
Dieu commencera à exécuter la sienne. Ils seront
comme aveuglés et frappés de vertige ; la division
se mettra parmi eux et ils s'entr'égorgeront les uns
les autres.

« L'année qui précèdera celle du grand évenement, sera très mauvaise ; l'année au contraire
où il aura lieu, offrira une récolte magnifique ;
mais il ne restera pas assez de monde pour en
consommer l'abondance. A l'approche de ce grand
évenement, des phénomenes extraordinaires paraîtront dans le ciel ; un grand personnage se conver-
tira à Paris. .

« Il y aura un moment d'anarchie effrayante
pendant laquelle on verra se renouveler tous les
désordres des temps les plus mauvais... Le crime
sans répression sera a son comble. Mais ce temps
de désolation sera de courte durée La sainte Église
sera attaquée pour la troisième fois avec une
fureur et une rage inouies ; mais elle en souffrira
très peu, tandis que ses ennemis seront presque
tous aneantis. Paris sera réduit, comme Sodome
et Gommorrhe et ce qui restera de ses habitants,
se réfugiera en grande partie à Lyon Quand or

verra leur fuite, le grand événement sera proche..

« Les Brotteaux de Lyon, foyer d'abominations et de révolutions seront engloutis sous les eaux. Mais Lyon sera sauvé par la protection de la Sainte-Vierge. La France sera un moment menacée de toutes parts par les puissances étrangères sans qu'on le sache à l'intérieur. La surprise et l'épouvante qu'en causera la nouvelle mettront le peuple en fureur et occasionneront l'anarchie et la guerre civile. Les étrangers pénètreront en France et s'avanceront jusque dans les environs de Lyon. L'heure du grand châtiment sera annoncée par les éclats d'un tonnerre épouvantable. »

Marie des Brotteaux prétend qu'un grand combat sera livré près de Lyon dans la plaine de Sainfond et dans toute l'étendue du faubourg et du pont de la Guillotière jusqu'à la place de Bellecour ; que les étrangers y seront écrasés, ainsi que les révolutionnaires. Cette bataille mettrait fin a toutes les calamités.

D'après les prophéties allemandes il n'en serait pas ainsi ; une terrible rencontre aurait lieu pres de Cologne et nos ennemis s'enfuiraient jusqu'au bouleau entre Unna et Werl où se livrerait le dernier combat pour la bonne cause ; mais ils seraient anéantis ; quelques-uns à peine survivraient pour porter la nouvelle de leur defaite.

VIII.

La prophetie de la religieuse de Belley est sinistre : « Malheur ! malheur ! trois fois malheur a
la cité de sang ! malheur a la cité de l'héresie ! malheur à la cite du crime ! Les méchants veulent
tout detruire, leurs livres, leurs doctrines inondent
le monde. Le jour de la justice est venu. Je vois à
l'aspect de Celui qu'on a méconnu, le monde
flechir et tomber.

« Une femme a sauvé Henri, une femme le suit.
Un ministre du Tres Haut le soutient. Ce ministre
vient d'être oint de l'huile sainte. Dieu les accom-
pagne. Voila votre Roi. Il paraît au milieu de la
confusion de l'orage. Quel affreux moment ! Les
bons, les mechants tombent. Babylone est réduite
en cendres Malheur à toi, ville maudite ! »

Une humble bergere de Saint-Affrique, Ma-
rianne Galtier, a aussi prédit que « la grande
prostituée serait detruite par le feu. L'ange du
Seigneur avertira les justes de Paris. Personne ne
saura d ou est venu le feu. Tous les mauvais périront. Les malheurs de la France seront si grands
que plusieurs en mourront de frayeur. Dans cette

guerre, qui croira être vainqueur, sera vaincu. La France sera si épuisée d'hommes et d'argent, qu'elle manquera des choses les plus nécessaires. Mais ce ne sera pas long. Un prince arrivera comme par miracle; il sera du sang de la vieille cape. »

Anne-Catherine Emmerich, religieuse augustine de Westphalie, si célèbre par ses extases a aussi exprimé des craintes au sujet de Paris.

Dans une de ses visions, elle crut apercevoir une grande ville qui était particulierement adonnée au vice et dont le sol était tout miné. « Une multitude de démons, dit-elle, y activaient l'œuvre de destruction; leur travail souterrain était déjà fort avancé et la cité me parut sur le point de s'effondrer aux endroits ou s'élevaient les grands édifices. Je me suis souvent laisser aller à penser que Paris était menacé d'une ruine inévitable; j'y vois tant de cavernes souterraines, mais elles ne sont pas ornees de statues comme les catacombes de Rome. »

La grande prophétie dite de saint Césaire, archevêque d'Arles, annonce non seulement la destruction de Paris, mais celle de Marseille et de Lyon.

« Alors brille l'éclair de la miséricorde divine, car la justice suprème a frappé tous les méchants. Il arrive, le noble exilé, le donné de Dieu. Il monte sur le trône de ses ancêtres d'où la malice des hommes dépravés l'avait chassé. Il recouvre la couronne de lis. Par son courage invincible, il détruit tous les fils de Brutus dont la mémoire sera a jamais anéantie. Après avoir posé son siège dans la ville pontificale (1), le roi de Blois relèvera la tiare royale sur la tête d'un saint pontife abreuve par l'amertume des tribulations, qui obligera le clergé à vivre selon la discipline des âges apostoliques. Tous deux, unis de cœur et d'âme, feront triompher la réformation du monde.

(1) Il s'agit evidemment d'Avignon

IX.

La sœur Rosa-Colomba dominicaine du diocèse de Vintimille, après avoir prophétisé la chute du second Empire, déclarait « que de grands bouleversements auraient lieu, que l'on verrait peuple contre peuple s'exterminer l'un l'autre ; la Revolution s'étendrait a toute l'Europe et il n'y aurait plus de calme qu'a l'avenement de la Fleur blanche sur le trône de France. »

Elle ajoutait que l'Autriche, la Russie et la Prusse se ligueraient contre les auteurs de la Révolution.

Le père Bernard-Marie Clausi de l'ordre des Minimes d'Italie avait aussi prevu ces tristes temps. « Quand la main de l'homme ne pourra plus rien et que tout semblera perdu, c'est alors que Dieu y mettra lui-même la main. Il viendra un grand fléau uniquement dirige contre les empires ; ce sera un fléau tout nouveau qui n'a encore jamais eu lieu. Ce fléau se fera sentir dans le monde entier, et il sera si terrible que ceux qui lui survivront s'imagineront ètre les seuls d'epargnes et tous seront bons et repentants. Ce fléau sera instantané, de courte durée, mais terrible. »

« Les châtiments du Seigneur vont tomber sur nous en diverses manières, dit la R⁰ mere du Bourg, fondatrice de la Congrégation des sœurs du Sauveur. Des fléaux, des troubles, le sang versé. Il y aura dans notre France un renversement effroyable ! Cependant ces jours seront abregés en faveur des justes. Dieu elevera sur le trône un roi modele, un roi chrétien. Le fils de saint Louis aimera la religion, la bonté, la justice. Le Seigneur lui donnera la lumiere, la sagesse et la puissance. Lui-même l'a préparé depuis longtemps et l'a fait passer au creuset de l'épreuve et de la souffrance, mais il va le rappeler de l'exil. »

Le vénérable Vianney curé d'Ars avait prédit ce qui s'est passe en 1870-71 à un Frère lazariste.

Mais il lui avait fait entrevoir les malheurs qui nous menacent encore.

« Ce ne ne sera pas long, lui avait-il dit. On croira que tout est perdu et le bon Dieu sauvera tout. Ce sera un signe du jugement dernier. Paris *sera change* et aussi deux ou trois autres villes. »

Il s'agit sans doute d'une nouvelle commune qui mettrait Paris à feu et á sang et détruirait aussi d'autre cités.

Mais les Prussiens profiteraient de cet état d'ianarchie pour nous envahir de nouveau. Le vénérable curé a ajouté à ce sujet :

« Les ennemis reviendront encore et brûleront tout sur leur passage ; on ne leur résistera pas, mais on les laissera s'avancer et on leur coupera les vivres et on leur fera eprouver une grande perte, ils se retireront vers leur pays, on les accompagnera et il n'y en aura guere qui rentreront : alors, on leur reprendra tout ce qu'ils auront enlevé et même beaucoup plus .»

Si cela se réalisait, c'est qu'Henri V aurait en peu de temps organisé une armée, marché au devant de l'ennemi et par une sage tactique l'aurait ramené dans son pays après lui avoir fait subir des désastres sans nombre.

Le vénérable Holzhauser dans une lettre latine au B. Amédée a annoncé les guerres du premier Empire, puis en quelques mots a retracé les évenements qui devaient être la conséquence de la Révolution et indiqué nos espérances.

« Cependant la paix ne sera pas encore définitivement rétablie, car de tous côtés les peuples conspireront pour la République et ainsi l'on verra encore de terribles calamités partout ; l'Église et ses ministres seront rendus tributaires, les princes seront renversés, les monarques mis à mort et leurs sujets livrés à l'anarchie. »

Tout cela s'est passé et ce n'est pas fini ; mais continuons à citer le Vénérable :

« Alors le Tout-Puissant interviendra par un coup admirable que personne au monde ne pourrait s'imaginer. Et le puissant monarque qui doit venir de la part de Dieu mettra les republiques à néant, subjuguera tous ses ennemis, et règnera de l'orient à l'occident. Plein de zèle pour la véritable Église de Jésus-Christ, il unira ses efforts à ceux du futur Pontife pour la conversion des infideles et des hérétiques.

Le royaume de France et les autres monarchies s'accorderont enfin, après les guerres sanglantes qui les auront désolées, et sous la direction de ce grand Pape ils se prêteront à la conversion des infidèles : et ainsi toutes les nations viendront adorer le Seigneur leur Dieu Lors de ce triomphe de la foi, fleuriront un grand nombre de saints et de docteurs ; les peuples aimeront la justice et l'équité, et la paix règnera sur la terre pendant de longues annees jusqu'a la venue du fils de perdition. »

Le vénérable Holzhauser a interprété l'Apocalypse, cette interprétation n'est pas sans valeur

Il divise en sept âges l'histoire de l'Église catholique ; le cinquieme âge, qui est celui de l'affliction, commence a Charles-Quint et a Léon X et se terminera au grand Pape et au grand Roi que nous attendons ; dès leur avènement nous serons dans le sixieme âge ou âge de consolation.

« Alors les fideles du Christ répandus sur toute la surface du globe seront attaches à l'Église de cœur et d'esprit, dans l'unité de la foi et dans l'observance des bonnes mœurs. Voila pourquoi il est dit : *J'ai ouvert une porte devant toi,* c'est-a-dire l'intelligence claire et profonde de la sainte Écriture, que personne ne peut fermer, signifiant qu'aucun héretique ne pourra plus pervertir le sens de la parole de Dieu, parce que dans ce sixieme âge il y aura un conseil œcumenique, le plus grand qui ait jamais eu lieu, dans lequel, par une faveur particuliere de Dieu, par la puissance du monarque annonce par l'autorite du saint Pontife et par l'unité des princes les plus pieux, toutes les hérésies e 'atheisme seront proscrits et bannis de la terre. On déclarera le sens legitime de la sainte Écriture qui sera crue et admise par tout le monde parce que Dieu aura ouvert la porte de sa grace »

X

Le 1ᵉʳ décembre 1750, le Père Calixte, religieux de Cluny se trouvait à la messe avec ses confrères ; tout a coup, au milieu d'un profond silence, il s'écria ; *malheur à nous ! malheur a nous !* Et il tomba la face contre terre, prophetisant les horreurs de la fin du siècle dernier et les bouleversements de notre siècle , voici ce qui concerne notre époque :

« Les miséricordes de Dieu seront méconnues ; on croira pouvoir se passer de son secours et il le retirera ; il abandonnera peuples et rois ; les dépositaires du pouvoir seront dispersés.

« Eglise de Dieu, tu gémiras ; ministres du Seigneur, vous pleurerez sur de nouvelles profanations.

« Du sang, du sang, du sang ; on en boira, on en boira...

« La terre sera purifiée par le fer et dévorera celui qui s'est assis dans l'iniquité.

« Une fleur de lis rayonnante sort d'un nuage.

« Gloire à Dieu ! la foi renaît ; un homme, instrument de Dieu, en a rallumé le flambeau... »

Le Père Nectou (1) était considéré par ses confrères de la Compagnie de Jésus comme un saint
et un prophete : Mgr Lyonnet, archevêque d'Alby
l'a déclaré dans son *Histoire de Mgr d'Aviau*
archevêque de Bordeaux et a rapporté de lui·
plusieurs prophéties, touchant son ordre ou
plusieurs personnes, qui se sont réalisées.

Ses prédictions au sujet des événements politiques peuvent donc avoir quelque valeur.

Nous ne nous occupons que de celles qui nous
intéressent actuellement, formulées en ces termes:

« Il se formera en France deux partis qui se
feront une guerre à mort. L'un d'eux beaucoup
plus nombreux que l'autre, mais ce sera le plus
faible qui triomphera. Il y aura alors un moment
si affreux que l'on se croira à la fin du monde. Le
sang ruissellera dans plusieurs grandes villes, les
éléments seront soulevés. Ce sera comme un petit
jugement.

« Il périra dans cette catastrophe une grande
multitude, mais les méchants ne prevaudront point.
Ils auront bien l'intention de détruire entièrement
l'Église ; le temps ne leur en sera pas donne car
cette horrible période sera de courte durée. Au
moment ou l'on croira tout perdu, tout sera sauve.

« Durant le bouleversement épouvantable qui

(1) Mort le 12 juillet 1772

sera général et non pour la France seulement,
Paris sera entièrement détruit. Avant cette catastrophe, il paraîtra des signes qui mettront les bons
à même de s'enfuir. La destruction sera si com-
plète que, vingt ans après, les pères se promène-
ront avec leurs enfants sur les ruines ; pour satis-
faire à leurs questions, ils leur diront : « Mon
fils, il y avait ici une grande ville ; Dieu l'a détruit
à cause de ses crimes.

« Lorsqu'on sera près de ces événements, tout
sera si troublé sur la terre qu'on croira que Dieu
a entièrement abandonné les hommes à leur sens
réprouvé et que la divine Providence ne prend
plus soin du monde. En un mot, le désordre sera
si complet qu'on n'y reconnaîtra plus rien.

« A la suite de ces affreux événements tout
rentrera dans l'ordre ; justice sera faite a tout le
monde ; la contre-révolution sera consommée.
Alors le triomphe de l'Église sera tel qu'il n'y en
aura jamais eu de semblable . »

XI

L'abbé Souffrand, dont les prophéties sont restées célèbres dans l'ouest, était né a Maumusson ; il est mort en 1828.

Il a dit que la venue du Grand-Monarque serait très proche lorsque le nombre des légitimistes restés fidèles serait tellement petit qu'on les compterait facilement.

« Un noblion de Bretagne sera appelé a prendre part aux grands événements, il ramènera le Grand-Monarque. Les bouleversements seront épouvantables. Des cris sans nombre seront proférés ; ceux qui domineront seront ceux de *vive la Republique! vive Napoleon! vive le Grand-Monarque que Dieu nous garde!* La religion sera persécutée, ses ministres seront obligés de se cacher, au moins momentanément. Le sang coulera par torrents dans le Nord et dans le Midi. Je vois couler le sang dans certains endroits comme la pluie par un jour d'orage, Paris sera detruit au milieu de toutes ces calamités. L'Ouest sera épargné, au moins en partie, à cause de sa foi. Il viendra un moment où l'on croira tout perdu ; c'est alors que tout sera sauvé ; il n'y aura pour ainsi dire pas d'intervalle. Les puissances étrangères s'armeront, marcheront contre la France. La Russie viendra abreuver ses chevaux dans le Rhin, mais ils ne le passeront pas. Les généraux français déposeront les armes des que le Grand-Monarque leur sera montré. »

Élisabeth Canori-Mora, romaine du Tiers-ordre de la Tres Sainte Trinité, renommée par sa sainteté en Italie, (1774-1825), opéra plusieurs guérisons miraculeuses ; elle délivra de l'épilepsie le chanoine Jean Mastai qui devait être plus tard Pie IX.

Notre-Seigneur lui apparut plusieurs fois, et des anges lui furent envoyés pour l'informer des malheurs par lesquels serait châtiée la ville de Rome.

Elle vit saint Pierre plusieurs fois, entre autres le 29 juin 1820.

Le Prince des apôtres avec sa crosse traça sur la terre une grande croix ; quatre arbres magnifiques ayant eux-mêmes la forme d'une croix et entourés d'une vive lumiere, en sortirent.

Sous ces arbres mystérieux, saint Pierre mit en sûrete le petit troupeau de Jésus-Christ et remonta au ciel avec les anges dont il était accompagné.

« A peine eurent-ils disparu, écrivait-elle, que le ciel se couvrit de nuages si sombres et si épais qu'il était impossible de le regarder sans en être effrayé. Tout à coup il s'éleva un vent violent et impétueux dont le sifflement ressemblait aux rugissements d'un lion en fureur. La terreur et l'effroi se répandront parmi les hommes et jusque parmi les animaux.

« Tous les hommes seront en révolte : ils se tueront mutuellement et se massacreront sans pitié. Pendant ce combat sanglant, la main vengeresse de Dieu sera sur les malheureux et par sa puissance, il vaincra leur orgueil et leur témérité. Il se servira du pouvoir des ténebres pour exterminer ces hommes sectaires et impies qui voudraient renverser la sainte Église et la détruire jusque dans ses fondements. Par leur malice audacieuse, ces hommes iniques prétendent faire descendre Dieu de son trône suprême ; mais il se rira de leur astuce et par un signe de sa main puissante, il punira ces perfides et ces blasphémateurs, en permettant aux puissances ténébreuses de sortir de l'enfer. D'immenses légions de démons parcourront alors le monde entier et, par les grandes ruines qu'ils causeront, exécuteront les ordres de la Justice divine. Ils s'attaqueront à tout et nuiront aux hommes, aux familles, aux propriétés, aux substances, aux cités, aux villages, aux maisons et rien de ce qui est sur la terre ne sera épargné,

Dieu permettant que les sycophantes soient châtiés par la cruauté des démons et punis d'une mort tragique et barbare, parce qu'ils se seront soumis volontairement au pouvoir infernal et qu'ils se seront alliés avec lui contre l'Église catholique. »

Après ce terrible châtiment, Élisabeth vit le ciel s'éclaircir.

Saint Pierre descendit de nouveau ainsi que saint Paul qui enchaîna les démons et les força à rentrer dans leurs cavernes ténébreuses.

Alors parut sur la terre une belle clarté : c'était la reconciliation de Dieu avec les hommes.

Saint Pierre choisit le nouveau Pontife, l'Église fut reconstituée, les ordres religieux furent rétablis et les maisons des chrétiens ressemblèrent aux maisons religieuses tant étaient grands la ferveur et le zèle pour la gloire de Dieu.

XII.

La vénérable Anna-Maria Taïgi vit dans une vision des ténèbres excessivement épaisses se répandre sur le monde entier, puis des débris de murs et de poutres tomber comme si un grand édifice se fût écroulé.

Dieu lui révéla que l'Église après avoir traversé plusieurs épreuves douloureuses, remporterait un triomphe si éclatant que les hommes en seraient stupéfaits ; que les nations entières retourneraient à l'unité de l'Église romaine et que la terre changerait de face.

Nous n'avons pas besoin de dire ce qu'était Marie Lataste, religieuse du Sacré-Cœur ; elle est connue de tous les catholiques.

Dans ses apparitions, Notre-Seigneur l'a souvent entretenue de son amour pour la France.

« Je suis particulierement le maitre de la France, lui disait-il, je lui donne prospérité, grandeur et puissance au-dessus de toutes les autres nations quand elle est fidèle à écouter ma voix. Je bénis ses populations plus que toutes les autres populations de la terre quand elles sont fidèles à écouter ma voix. J'ai choisi la France pour la donner à mon Eglise comme sa fille de prédilection.

« Ma générosité n'est point épuisée pour la France ; j'ai les mains pleines de grâces et de bienfaits que je voudrais répandre sur elle. Pourquoi a-t-il fallu, faut-il encore, et faudra-t-il donc que je les arme de la verge de ma justice ?.. »

Et toujours Notre-Seigneur demandait des prières pour la conversion de la France ; il communiqua à Marie Lataste pour l'un de ses directeurs quelques avis dans lesquels il disait que la sainte Vierge avait jusqu'alors arrêté les coups de la justice divine.

« Satan rugit de rage au fond des enfers, ajoutait-il, contre un royaume qui lui a porté à la vérité de rudes coups : il frémit de rage en voyant le bien qui se fait dans cette contrée ; il fait tous ses efforts pour augmenter le mal et exciter davantage la vengeance divine. Mais une chaîne qu'il ne peut briser, le captive : car ma Mère a un droit spécial sur la France qui lui est consacrée et par ce droit, elle arrête le bras courrouce de Dieu et répand sur ce pays qui lui est voué, les bénédictions du ciel pour le faire croître dans le bien. C'est pourquoi je ne cesse d'avertir pour prévenir d'immenses calamites. »

XIII.

Saint Malachie primat d'Irlande vivait du temps d'Innocent II. « Prophéties, révélations, punitions d'impies, grâces de guérisons, conversions des cœurs, résurrection des morts, rien ne lui a manqué, dit de lui saint Bernard ; Dieu qui l'aimait l'a orné de toutes ses gloires. »

Au temps de ce saint pontife, l'Eglise était violemment attaquée, et sans doute pour en affirmer la vitalité jusqu'à la fin des siècles, Dieu fit connaître à saint Malachie les papes qui doivent se succéder sur le siège de Saint-Pierre.

Pie IX était ainsi désigné : *Crux de Cruce*, la Croix de la Croix.

Son long et beau règne n'a-t-il pas été pour lui un martyre continuel qui lui a été surtout infligé par la Maison de Savoie dont le blason porte la croix ?

Léon XIII le pape actuellement régnant nous avait été annoncé sous cette légende : *Lumen in cœlo*, la lumière dans le ciel.

Quand le bien-aimé Pie IX nous a été ravi, la chrétienté, inquiète de l'avenir, s'est trouvée plongée comme dans les ténèbres et la désolation a été générale.

Mais soudain la miséricorde divine nous a envoyé un rayon d'espérance.

A l'heure où nos ennemis se réjouissaient de la mort du pontife qu'ils avaient redouté ; à l'heure où ils croyaient que c'en était fait de la papauté, le Sacré-collège a acclamé par adoration le cardinal Pecci.

Dans ses armes brillait une comète, *lumen in cœlo*.

N'était-ce pas pour nous cette étoile miraculeuse des mages qui devait les conduire au but de leur voyage et disparaître ensuite ?

Léon XIII nous dirige dans la voie du triomphe, objet de tous nos désirs ; mais nous craignons fort que sa mission ne soit terminée à l'heure où nous y arriverons.

Il aura pour successeur, d'après Malachie, *Ignis ardens* ou le feu ardent ; ce sera le grand pape tant annoncé par les prophéties, qui règnera en même temps que le grand roi, et d'accord avec lui répandra sur toute la terre la loi du Christ.

XIV.

En orient de nombreuses prophéties sur l'avenement du Grand-Roi.

« L'Orient est dans l'attente, dit le le R. P. Bore dans ses *Memoires d'un voyageur* ; les traditions lui ont appris qu'un grand Roi de France serait tout à la fois son vainqueur et son sauveur. »

Les chrétiens l'attendent avec impatience et les Turcs n'entreprennent rien parce qu'ils comptent être expulsés non seulement de la Palestine mais de la Turquie d'Europe.

Un vieux serviteur de Mahomet habitant de Janina, s'obstinait en 1871 à ne pas faire réparer sa maison qui tombait en ruines, parce qu'il s'attendait à l'abandonner pour passer en Asie avec ceux de sa nation, quand les prédictions seraient accomplies. Et tous pensent de même.

Au douzième siècle la Porte d'or de Constantinople portait cette inscription ; *Quand viendra le blond roi d'Occident je m'ouvrirai moi-même.*

Les Grecs l'avaient ruinée et les Latins n'y passèrent pas en 1204, mais ils fondirent une statue équestre où l'on voyait la figure du grand monarque français avec les traits déjà signalés dans les antiques prophéties.

Ce souvenir est resté profondément gravé chez les Turcs et les sultans eux-mêmes en ont été toujours préoccupés.

L'un d'eux envoya un ambassadeur à Henri IV pour le prier de ne pas permettre que ses sujets prissent part à la guerre faite par l'Autriche à la Turquie.

Le roi se montrait étonné de cette préoccupation du Sultan pour un si petit nombre de français qui combattaient en volontaires dans l'armée autrichienne.

L'ambassadeur avoua que l'inquiétude du sultan provenait d'une prophétie très repandue en Orient d'après laquelle les Turcs devaient être chassés d'Europe par des Français.

La prophétie arabe annonce que Damas doit revoir des massacres qui porteront l'épouvante jusqu'à Beyrouth; les chrétiens se réuniront sur le mont Liban ; un grand roi de la fleur de lys sera leur défenseur ; il viendra à leur secours avec de grandes armées ; il se livrera un grand combat entre Alep et Jérusalem où le roi d'Égypte et quatre-vingt mille musulmans seront anéantis ; le sultan se retirera à Damas où il périra dans la mosquée et l'islamisme sera anéanti.

D'après la prophétie abyssinienne, la Mecque, Médine et autres villes de l'Arabie seront détruites et les cendres de Mahomet dispersées aux quatre vents du ciel ; ce sera un certain prince chrétien, né dans un pays de l'Europe qui réalisera ces merveilles et prendra possession de l'Orient.

Lors de la guerre de l'indépendance, les guerriers Grecs racontaient au bivouac une ancienne prédiction qui promettait aux fils de l'Hellade l'expulsion des musulmans par les monarques de France.

Cette prédiction disait que « ce serait dans le vieux tronc royal la branche la plus magnifique par laquelle s'accomplirait ce grand événement ; que le drapeau de la paix flotterait sur cette victoire et qu'on le confondrait avec le lys, emblème de l'antique race parce qu'il en aurait la splendeur et la pureté ; que l'œuvre de la Restauration monarchique serait longue et interrompue, si bien que le découragement abattrait les cœurs les plus résolus ; que l'espoir renaîtrait pourtant quand tout semblerait à jamais perdu et que parmi ces monarques de France, ce serait encore un *neuvième* qui terminerait les modernes croisades comme un neuvième avait terminé les anciennes. »

Ce nombre neuf est regardé comme l'un des plus heureux dans les calculs cabalistiques ; il marque dans l'ordre de la succession des rois de la maison de Bourbon, la place de l'héritier actuel ; Henri V est le neuvième depuis Henri IV. En outre le nombre 5 combiné avec celui qui désigne le premier roi de la branche des Bourbons, donne le nombre *neuf*, (5 plus 4 égale 9).

XV.

Les signes ou phénomènes de quelque nature qu'ils soient, peuvent toujours être considérés comme les avant-coureurs de quelque événement.

Ces avertissements ont été surtout nombreux en 1872.

Des croix mystérieuses ont apparu au mois de Juin sur les fenêtres en Alsace et en Lorraine et surtout dans le pays conquis.

Serait-ce le présage de la chute de l'empire prussien ?

A la suite d'un tremblement de terre, la ville d'Antioche s'est écroulée, le 3 avril 1872, ensevelissant sous ses ruines des milliers de victimes ; c'était le châtiment du schisme que son évêque y entretenait.

Quelques années plus tard, d'autres villes devaient être aussi frappées de la même façon à cause de leurs crimes.

La ville de Casamicciola (Italie) était de mœurs dissolues ; en 1881, au moment du carnaval, une troupe de femmes habillées de vêtements écclésiastiques, allèrent avec un cultivateur chez le curé, pour lui demander la croix de la paroisse.

Le bon curé refusa de la donner en disant : « Parodiez ce que vous vous voudrez, mais laissez la croix et les saints en paix dans l'église.»

Le paysan ne voulut pas écouter ses exhortations, il fabriqua lui-même une croix en bois et y suspendit un masque ; puis suivi de toutes les femmes, il fit processionnellement le tour du village.

Trois jours après, le 4 Mars, Casamicciola était détruite par un tremblement de terre et il y avait des centaines de morts et de blessés.

Deux jours s'étaient passés ; en continuant à fouiller les décombres, on aperçut une grande corbeille qui remuait ; on la souleva, on trouva un vieillard qui tenait en main un crucifix et qui priait : il était sain et sauf.

Dans les Açores, une autre ville surprise par un tremblement de terre, s'est écroulée.

Les habitants affolés se réfugiaient sur les places ou dans les champs : ils se prosternaient à genoux et imploraient la miséricorde divine.

Une catastrophe de même genre a bouleversé l'île de Chio en face de Smyrne ; la principale ville a été détruite et les victimes se sont comptées par milliers.

Nous qui avons vécu pour la plupart dans l'indifférence politique et laissé prendre le pouvoir par des républicains ennemis de Dieu et de la religion, nous qui leur avons permis de crocheter les portes des couvents, de briser les crucifix, de chasser Dieu de partout, que n'avons-nous pas à redouter ?

Et au fur et à mesure que nous voyons s'approcher l'heure de la justice divine, les calamités se multiplient.

L'an dernier, c'étaient la mauvaise récolte, les mortalités effrayantes, les inondations désastreuses.

Et à peine au commençement de 1883, des tremblements de terre portent l'épouvante dans diverses parties de la France, notamment dans le Nord-Ouest ; on a vu les maisons osciller et les habitants en sortir à la hâte de peur de périr sous les décombres.

Paris et d'autres grandes villes seraient-elles destinées à périr de cette façon ?

Dans l'Est, une montagne, sur laquelle s'élève un fort qui vient d'être évacué par nos troupes descend peu à peu vers le Rhône et l'on prévoit le jour où par suite de cette catastrophe, le cours de ce fleuve, sera détourné et dévastera toute une région.

Un phénomène qui a eu lieu l'an dernier en

Italie semble aussi indiquer que nous sommes à la veille de graves événements dans toute l'Europe.

Il s'agit du torrent *dei Carceri*.

On sait que saint François d'Assises, recherchant la solitude, avait fondé un couvent en cet endroit près d'un ravin au fond duquel coulait un torrent.

Le bruit fait par ce ruisseau, troublait les religieux dans leur méditation.

Le saint alla droit au torrent et lui commanda de cesser son cours.

Dès ce moment, les eaux s'écoulerent et le torrent disparut.

Saint François dit à ses frères que ce torrent resterait toujours à sec, sauf à la veille de quelque catastrophe.

Ce qui s'est réalisé à diverses époques : l'histoire le constate.

Or, en 1882, le torrent a coulé trois fois les 20, 21, 27 septembre avant les grandes manifestations du centenaire et une fois en octobre, le 14 ; il a même ravagé le petit jardin : ee qui annonce un grand malheur.

XIV.

En quelques mots résumons les prophéties.

Qu'annoncent-elles ?

Le règne de la République ;
La guerre á la religion;
La corruption de la société ;
Une nouvelle Commune ;
Un massacre épouvantable ;
Une seconde invasion prussienne ;
L'avenement du Grand Roi ;
L'avènement du Grand Pape ;
Le triomphe des principes politiques et religieux.

Ces prophéties concordent-elles avec la situation actuelle ?

On en jugera par les chapitres suivants.

XVII

La franc-maçonnerie redoutait les Bourbons : c'était pour elle l'obstacle.

Il lui fallait à tout prix faire disparaître cette puissante famille de rois que Dieu semblait avoir mise à la garde de son Église et de la société.

Ce devait être là le but de tous ses efforts : cette devise, *Lillia pedibus destrue*, Foulez aux pieds les lys, qu'elle a donnée à l'un de ses hauts dignitaires, l'indique suffisamment.

Dans ses conciliabules, en Allemagne, la franc-maçonnerie avait décidé, vingt ans auparavant, la mort de Louis XVI et la ruine de la monarchie française.

Pour se faire accepter en France, elle s'est présentée sous les dehors hypocrites de la philanthropie et ceux qui par leur situation auraient du fortifier le pouvoir au lieu de l'amoindrir par leurs attaques incessantes, ont fait bon accueil aux nouvelles doctrines et ont naïvement coopéré à l'œuvre infernale des francs-maçons.

Quand ils se sont aperçus de leur coupable aveuglement, ils se sont repentis pour la plupart, mais n'était-il pas trop tard ?

La France pour longtemps abattue, comptait dans son histoire une date sinistre, le 21 janvier, qu'encore elle expie.

La première République allait s'effondrer dans le sang et faire place au roi Louis XVIII.

C'était un réel danger pour la puissance franc-maçonnique; elle l'évita en donnant sa confiance au général Bonaparte.

Elle facilita l'avenement de l'Empire, et Napoléon Ier, malgré son génie militaire, lui dut plus d'une victoire.

Mais son caractère ne se pliait pas aisément aux exigeances de ces sociétés secretes et elles l'ont délaissé quand son prestige s'est trouvé affaibli.

Avec l'aide des puissances étrangères, elles voulaient imposer à la France un prince étranger mais franc-maçon.

Grâce à la grandeur d'âme de Louis XVIII, cet affront nous fut épargné.

La franc-maçonnerie devenue libérale, s'en vengea par l'assassinat du duc de Berry et plus tard par le renversement de la Restauration au lendemain de cette belle conquête qui donnait l'Algérie a la patrie.

XVIII

Les francs-maçons sont plus habiles que les catholiques; ils s'abritent derriere un régime politique; ils se servent soit de la royauté constitutionnelle, soit de l'Empire, ou de la République pour arriver à la réalisation de leurs desseins.

Depuis 1830 jusqu'à nos jours, ils se sont efforcés, avec l'aide de nos gouvernants, de démoraliser le peuple par la corruption et ils ont eu raison des catholiques par l'indifférentisme politique.

Hélas ! nos adversaires n'étaient que trop intelligents.

Toutes les forces vives du pays ont été ainsi successivement atteintes et successivement détruites, et les caractères se sont abaissés.

Les catholiques se sont peu à peu désintéressés des affaires publiques, laissant sans direction les populations au milieu desquelles ils se trouvaient.

Faut-il donc s'étonner qu'écœurées de leur égoïsme, elles aient été séduites par les hypocrites promesses de nos ennemis; qu'elles se soient éloignées de l'église; qu'elles soient devenues révolutionnaires même par leurs mœurs.

Une effrayante dépravation règne dans les villes

et surtout dans nos campagnes; non seulement la foi a disparu, mais on ne connaît même plus la notion du bien et du mal.

Contraste frappant ! les ouvriers des villes commencent à réfléchir à la lueur des événements et nous avons vu trois mille d'entre eux donner à Lyon leurs suffrages au candidat légitimiste.

Et les catholiques s'émeuvent-ils de la situation ?

Ils font sans doute partie de quelques associations pour se persuader qu'ils se dévouent, quelques-uns d'entre eux ont bien montré le poing lors des crochetages; mais tout cela était fort platonique; le gouvernement le savait et agissait en conséquence.

La guerre à Dieu a été continuée avec acharnement; partout les Christs ont été décrochés, et, en haine de Dieu, l'Etat comme les particuliers a viole le Dimanche.

Et les catholiques qu'ont-ils empêché ? Rien.

Ils n'ont pas encore, pour la plupart, voulu comprendre que pour rendre la résistance possible, ils doivent s'arracher à leur bien-être et à leurs plaisirs mondains, se préparer à tous les sacrifices et se ranger sur le terrain politique derrière cet étendard sans tache si fièrement porté par l'auguste descendant des rois qui ont fait la France sous l'égide de Marie

On aurait ainsi hâté l'avènement de Celui qui a reçu du Ciel mission de sauver la Patrie et de réparer les conséquences désastreuses de la Révolution.

Que de ruines et que de malheurs on aurait évités ?

Mais l'on se contente de gémir sur la situation, de se répandre en récriminations contre le Roi pour la cause duquel on n'a jamais rien fait, de vivre au jour le jour sans trop s'inquieter du lendemain et l'on se tient prêt a se raccrocher au premier conservateur venu.

Un de nos amis bien placé pour juger de la situation nous écrivait le 3 février :

« A mesure que nous approchons de l'inévitable trou qui est la béant devant nous, les courages s'affaissent, les énergies s'eteignent, les caracteres se brisent, et la pauvre nature humaine se revêt de tout ce qu'elle a de petit, de bas, de mesquin. Les plus valeureux en paroles a l'époque où il était question de faire appel à leur vaillance, a leur abnégation, à leur générosité se font aujourd'hui petits, tout petits, microscopiques pour ne pas être aperçus et pouvoir se dissimuler plus aisément ainsi aux regards, car en ne dépassant pas le niveau commun, on garde encore l'espoir d'être épargné par la faulx révolutionnaire que l'on présume être prête à faire bientôt son œuvre. »

On peut apprécier aujourd'hui quels ravages a
causés l'indifférentisme politique tant préconisé par
les libéraux pour éloigner les catholiques de la
monarchie légitime.

L'oubli de la doctrine du sacrifice, condition du
christianisme, en est résulté.

Les volontés se sont énervées et les cœurs
comme les bourses se sont rétrécis.

Tous les courages sont à terre.

Certes, les révolutionnaires auraient beau jeu si
Dieu n'était pas contre eux et ne semblait pas avoir
hâte d'en finir avec la Révolution.

L'intervention de Dieu n'a-t-elle pas été ces
temps-ci manifeste pour tous ?

Au moment où l'on s'y attendait le moins, M.
Gambetta est mort, d'une façon épouvantable,
quelques minutes avant la première heure de cette
année, où il aurait fait une tentative dictatoriale et
se serait certainement emparé de la France.

Huit jours après, le général Chanzy succombait
à une attaque d'apoplexie foudroyante.

Ce général était le lieutenant d'un personnage que
nous ne nommerons pas et l'espérance des libéraux
et des catholiques conservateurs.

S'il eût vécu, nous referions à cette heure la
pitoyable expérience de la République conser-
vatrice du 16 mai.

Mais Dieu n'en veut pas.

La divine Providence prépare les voies du triomphe de son Eglise sur la Révolution; successivement elle fera disparaître les pygmées qui auraient quelque velléité de résistance à ses desseins.

XIX.

Républicains et libéraux n'ont plus d'hommes qui puissent s'imposer à la France.

Il n'y a plus désormais en présence que radicaux ou communards et légitimistes : les partis intermédiaires, les partis de conciliation ne comptent plus et ne doivent pas servir à la restauration sociale qui se prépare.

C'est la mort du libéralisme.

C'est la lutte sans phrases, sans transactions entre l'erreur et la vérité, entre la Révolution et la société.

Nous savons comment elle se terminera, mais nous aurons auparavant à subir des épreuves épouvantables, des catastrophes effroyables.

La justice de Dieu passera d'abord d'autant plus terrible que nous aurons été plus endurcis dans l'impénitence.

Ce sera nécessaire pour réveiller la France endormie dans ses sensualités et la préparer a la mission de Fille aînée de l'Église qu'elle doit reprendre apres l'avoir si longtemps oubliée.

Depuis la mort de M. Gambetta, les républicains sont affolés ; ils ne s'entendent plus et ne savent plus ce qu'ils font. Il n'y a plus de majorité dans les deux chambres en faveur du gouvernement.

M. Grévy sera donc amené à donner sa démission ou a dissoudre la Chambre des députés et à procéder à de nouvelles elections.

Quoiqu'il en soit, M. Clémenceau n'en reste pas moins l'homme de l'avenir.

Avec lui la Commune triomphera parce qu'il ne pourra s'empêcher d'avoir pour elle certaines complaisances qui le feront descendre jusqu'au fond de l'abîme.

Si contre toute attente, M. Clémenceau, une fois au pouvoir, s'avisait de faire l'autoritaire conservateur comme M. Gambetta, s'il reniait son passé et coupait sa queue, les communards anarchistes, embrigadés non seulement à Paris, mais en province se soulèveraient et mettraient tout à feu et à sang.

Les communards auront-ils la patience d'attendre son avènement?

Il y a lieu d'en douter si l'on en juge d'après la hardiesse de leur langage: dans leurs journaux qui deviennent de plus en plus nombreux, dans leurs réunions, ils ne dissimulent plus leurs desseins, ni même leur puissante organisation.

Il est fort possible qu'ils profitent du désarroi de l'heure actuelle pour faire une tentavive.

Et qui pourrait protéger contre eux la ville de
Paris.

Serait-ce l'armée ?

Mais déjà l'on a pris soin de l'amoindrir ; trois
classes ont été renvoyées dans leurs foyers sous
prétexte d'économie : il ne reste plus que des re-
crues ; sans doute, les cadres sont bons, mais sont-
ils suffisants ?

Et en outre, des ministres de la guerre, comme
les généraux Farre, Billot, Thibaudin n'ont-ils
pas porté les plus graves atteintes ?

Dieu ne se servirait donc pas pour l'accomplisse-
ment de ses desseins de cette armée qu'on a essayé
de déshonorer en forçant nos soldats à protéger
les crocheteurs, à faire le siège des moines de Fri-
golet.

Il n'y aura donc plus rien pour soutenir l'ordre
social et le chaos sera affreux.

La Révolution en même temps se déchaînera
chez les nations voisines.

En Espagne, les républicains prêts depuis longtemps, renverseront don Alphonse.

En Italie, les révolutionnaires ne dissimulent pas
leurs desseins, et le roi Humbert qui a failli, ces
temps-ci, être victime de tentatives d'assassinat,
n'ignore pas quel danger le menace.

La maison de Savoie n'est plus utile aujourd'hui

à la Révolution et la Révolution veut la faire disparaître.

Les troupes pourront-elles la défendre ? Elles sont trop gangrenées pour cela.

Les forces révolutionnaires seront maîtresses et dans toute la Péninsule le désordre sera horrible.

Dieu veuille que le Saint-Père n'ait pas trop à en souffrir.

L'Angleterre elle-même n'échappera pas au fléau.

Elle sera châtiée d'avoir, sur tous les points du globe, soutenu la franc-maçonnerie, de lui avoir en tout temps donné asile, de se glorifier d'en faire partie.

Comme en France, vers la fin du regne de Louis XVI, on constate à cette heure chez les Anglais le même engouement pour les sociétés secrètes que beaucoup croient être simplement philanthropiques.

C'est le même aveuglement, mais le réveil sera pour eux terrible.

En présence d'un tel bouleversement révolutionnaire, les grandes puissances monarchiques uniront leurs forces pour préserver l'Europe de la contagion et marcheront contre la France considérée comme un foyer de conspiration.

Alors l'impuissance des hommes sera manifeste et Dieu interviendra.

Henri V déploiera l'étendard du Sacré-Cœur ;

les héros que Dieu a pris soin de former depuis Castelfidardo se rallieront à son panache blanc, et avec l'aide de tous les hommes de patriotisme, combattront pour Dieu, pour la France, pour la société.

Pie IX n'a-t-il pas prophétisé que les zouaves pontificaux finiraient la grande bataille qui depuis longtemps nous accable ? »

FIN

Paris, — Typ. G TEQUI. 92, Rue de Vaugirard.

L'ACTION

POLITIQUE ET SOCIALE

Rédacteur en chef : ANDRÉ BARBES

Pro Aris et Focis

ABONNEMENTS

Trois mois· 5 fr. — Six mois . 10 fr. — Un an ! 20 fr,

BUREAUX

260, Boulevard Saint-Germain, 260

L'ACTION paraît tous les jours, sans exception, et arrive dans les départements *douze heures* avant les journaux du matin, avec les *Nouvelles de la Chambre et du Sénat.*

Le **Journal de Paris** hebdomadaire, à grand mat, légitimiste, littéraire, agricole et finan- r — Prix: Dix francs pour un an, 5 fr. 50 pour nois; 3 fr. pour trois mois. Bureau : 16, rue du gard.

ALMANACH-ANNUAIRE

DE LA PRESSE CATHOLIQUE DE FRANCE.
Pour 1883.

Cet ouvrage est plus complet encore que celui de cette année qui a été entièrement revu et augmenté. Il donne la liste des journaux catholiques *politiques, littéraires et scientifiques*, avec leurs adresses et prix d'abonnements, des renseignements très utiles aux membres du clergé, à la noblesse, aux communautés religieuses et aux familles chrétiennes. *L'Almanach-annuaire* est envoyé gratuitement à tous *les cercles catholiques et aux bibliothèques paroissiales*.

Prix 0 fr. 50, franco 0 fr. 60.

Adresser les demandes a M. Chatron, rue Bonaparte, 59, Paris.

LA PLUS DIGESTIVE ET PURGATIVE DES

EAUX MINÉRALES

PULLNA (BOHÊME)

Grands-Prix : Philadelphie 1876, Paris 1878, Sidney 1879, Melbourne 1880, Londres, (Congrès médical universel), 1880. Eger (Bohême) 1881. Trieste 1882.

Antoine ULBRICH, Fils du fondateur, à **Püllna.**

CERTIFICAT D'ORIGINE :

Sur la cruche, **Püllnaer Bitterwasser, Gemeinde Püllna.**

Sur la capsule, **Püllnaer Gemeinde-Bitterwasser.**

L'EAU DE PULLNA SE TROUVE

Dans toutes les Succursales de la Compagnie fermière des eaux de Vichy, dans tous les Dépots d'Eaux minerales et chez tous les Pharmaciens.

Paris. — Imp. G. Téqui, 92, rue de Vaugirard.